Polícula

-La última tendencia
en relaciones libres-

Ingrid M. Taylor

Editorial Anuket

Índice:

Capítulo 1
Tipos de relaciones amorosas

La manera de relacionarse con el otro recibe diferentes nombres, y a medida que la sociedad avanza y evoluciona (no me refiero hacia un signo +, sino a una cuestión temporal) los tipos de relaciones de parejas se van acrecentando por las distintas variables que aparecen como ramas de un árbol longevo.

En pleno siglo 21, cuando predomina hablar y expresarse a través de lo "políticamente correcto", donde hay más "causas nuevas por luchar" que "enfocarse a desterrar viejas injusticias", y en donde lo tradicional es mirado como pecado; las nuevas formas de emparejarse surgen y se manifiestan sin ningún pudor... (no sea que una mirada incómoda hacia ellas, sea causa y a la vez excusa de una nueva lucha).

En los tiempos que corren, existen diversas maneras de aglutinar los sentimientos, los sueños, las fantasías... y la vida con el otro. El amor ya no es sinónimo de unión con una persona de distinto sexo, para conformar una familia tradicional, con casa, auto, niños y gato; sino que se distancia de lo culturalmente establecido para enfocarse en lo privado.

El aumento en el promedio de vida, la mujer dándole valor a su trabajo, profesión o estudio, los eficaces métodos anticonceptivos, la posibilidad de conservar los óvulos; y un cambio de mentalidad y paradigma de la vida moderna gracias al internet; han hecho que el matrimonio temprano, ya no sea tan apetecible; más bien, ahora se ha ganado tiempo para explorar, probar, fracasar, resurgir, superarse... y volver a probar.

Visto desde un matrimonio de hace un par de décadas atrás, pareciera que las generaciones actuales están perdidas, pero que, a su vez, generan en los conservadores, una mirada de "sana envidia".

Pero... algo no ha cambiado. Las personas quieren amar y ser amadas, viejo truco de la naturaleza para que dos opuestos se junten y generen un tercero, y que la humanidad sobreviva.

También es cierto, que, entre otras cosas, la psicología humana, tampoco ha variado demasiado. Por ejemplo, la mujer sigue siendo más pasional, y prefiere romance antes de entregar su cuerpo; presumiendo que antes del sexo debe recibir amor (desea ser cotizada). Por el contrario, el hombre, sostiene que cuando tiene sexo, es cuando le ofrecen amor (se siente el elegido), por lo que recién, a partir de allí, está dispuesto a ser romántico. Lo cierto, los dos buscan amor, pero de distinta manera. Aunque también es cierto, que se debe aceptar una nueva tendencia; las mujeres liberadas se comportan más como los hombres, y esto confunde al otrora sexo fuerte.

En conclusión, todas las personas son diferentes, y la arquetípica relación entre dos amantes con sus cartas perfumadas ya no resulta tan apetecible en una sociedad tan maleable. Algunas personas siguen sintiéndose cómodas con el modelo heredado, aunque estadísticamente el 50% de las parejas terminan separándose; y otros, se sienten más a gusto con múltiples parejas sexuales y espirituales; a los que se les llama "poliamorosos".

En el presente, como en el pasado, los cuentos de hadas repiten los argumentos de la monogamia, por lo que la infancia está signada por el principio "sueña y lucha por esa persona con la que pasarás el resto de tu vida". Pero, de a poco, esa premisa se ha visto enriquecida por la personificación de "ese otro" que ya no necesariamente debe ser del opuesto sexo o "único". Por eso, quizás, la tendencia sea, que tampoco solo valdrá "otro", sino también estarán permitidos "otros" con los que se desee compartir la vida.

Una alternativa a la monogamia es el poliamor, en el que tres o más personas se unen en una cadena de amor. El principio fundamental de tales relaciones es la igualdad de todas las partes.

Y aquí las preguntas ¿Cómo se busca amor en la actualidad? ¿Qué tipos de relaciones amorosas están vigentes?

Señalemos algunas de ellas:

1. Pareja social

Las parejas sociales se refieren al amor que pueden sentir dos personas cuando hay compromiso e solidaridad, pero no pasión. Un ejemplo obvio es cuando una pareja lleva años en una relación y la intimidad se encuentra desatendida o se la evita. Estas personas se sienten atraídas por sus rutinas e innumerables actividades compartidas en un contexto social lejos de cama.

2. Relaciones múltiples

La persona asiste a cierto lugar en donde fluyen personas con sus mismos objetivos, "mantener relaciones múltiples al mismo tiempo", pero sin el compromiso de establecer un vínculo amoroso.

Este tipo de personas busca parejas temporales para dejarse fluir y analizar si realmente la relación irá en serio. Múltiples reuniones permiten a las personas experimentar sin la presión del compromiso. Todos los involucrados saben cuáles son las restricciones, cuáles son las reglas, por lo que las aceptan y las siguen, y bajo esas reglas, hacer trampa o sentirse engañado es imposible.

3. Pareja romántica

Se trata de una pareja cariñosa, apasionada e íntima, aunque sin compromiso. Se podría argumentar que este es un estereotipo de amor de verano, una relación de corta duración en la que ninguna de las partes se compromete seriamente. En esta relación se experimenta espontáneamente.

4. Compañero híbrido

Desde hace poco tiempo, a este tipo de parejas se le ha dado un nombre específico, "pareja híbrida", aunque existen desde hace mucho tiempo. Es una relación que ha surgido con la llamada "posmodernidad", y está ocurriendo cada vez más. Las parejas mixtas se caracterizan en que un miembro practica la monogamia, mientras que el otro quiere mantener múltiples relaciones con terceros al mismo tiempo. La pareja está de acuerdo y acepta sus deseos respetando las necesidades del otro.

En las parejas heterosexuales, la mujer suele ser monógama; mientras el hombre, por su naturaleza sexual acentuada, por lo general, es el que apetece a más de una compañera (pero sin compromiso). Este tipo de relaciones varía según las personalidades de sus integrantes; sin embargo, si los deseos de ambas personas son claros, no debería haber muchos problemas entre ellos.

5. Swingers

Este tipo de pareja es una de las nuevas posturas posmodernistas, en donde se acepta tener sexo con extraños. Suelen acordar con otra pareja de la misma postura, tener intercambio de miembros y mantener relaciones sexuales. Como regla implícita, el "amor" queda dentro de la pareja estable, y se está prohibido relacionarse sentimentalmente con el miembro esporádico; ya que ello implicaría la pérdida de la exclusividad afectiva con la pareja formal. Por ende, esta situación no implica una relación formal con varias personas al mismo tiempo, sino, solo casual.

Algunos lugares donde asisten los swingers se encuentran y se mantienen en absoluto secreto. Sus reuniones se realizan en un lugar acordado, donde por lo general se ofrece otro tipo de servicios. Lo que antes era una práctica basada en treintañeros de espíritu libre, ahora amplía su rango de edad.

6. Poliamor

En este género, las personas tienen relaciones afectivas y sexuales con múltiples personas, por lo que se diferencian de los swingers que dicen amar solo a sus parejas. Todas las relaciones se consideran serias y comprometidas. Estas personas creen que es imposible amar a una sola persona, que hay suficiente espacio en sus corazones para resonar con varias parejas al mismo tiempo y que el amor no puede limitarse a la monogamia. En este tipo de relación se incluye la parte afectiva, no solo la sexual. Según This One's World, el poliamor se define como "el amor simultáneo, voluntario, consciente y ético de varias personas". Quienes lo practican creen que el amor no tiene por qué existir solo entre dos personas, sino que puede extenderse a varias, siempre que todos estén de acuerdo en establecer relaciones múltiples.

De esta forma, pueden existir relaciones poliamorosas que involucren a tres o más miembros.

7. Pareja flexible

Las cuestiones de género están involucradas en estos emparejamientos. Estas parejas quieren explorar su sexualidad en un sentido más amplio. Esto incluye tener relaciones sexuales con diferentes personas en muchas ocasiones, independientemente de su género. En estas situaciones, no hay deseo de una relación cercana y duradera. Mantienen relaciones abiertas.

8. Individualistas

También llamadas "parejas fatuas". En estas parejas no se consolidaron los aspectos de intimidad. Hay pasión y compromiso entre ellos, pero no intimidad. Por lo tanto, es costumbre guardar secretos para uno mismo. El amor se practica y se experimenta como una situación unilateral.

9. Parejas distantes

El amado está en otra ciudad o país por diversas razones. Quizás nunca se hayan visto personalmente, y solo se conozcan por carta o red social. La distancia que separa a la pareja no es buena, por lo que la relación no dura. Idealmente, uno de ellos se mudaría a donde vive la otra mitad, pero esto no siempre es posible.

10.Amor ocasional permitido

Este tipo de relación permite el contacto sexual o físico en determinados momentos, como cuando se viaja, o con determinadas personas, como los famosos. Sin embargo, como en la mayoría de las relaciones de este tipo, es importante discutir con la pareja hasta dónde pueden llegar con un tercero en esta situación.

11. Poligamia

Este tipo de relación es muy común en los países del Medio Oriente, donde un hombre suele tener varias mujeres, cada una de las cuales está unida a él de manera emocional y sexualmente.

Aunque no es tan común como en los hombres, también suele ocurrir con algunas mujeres que tienen múltiples parejas románticas y sexuales con los cuales llega a convivir.

12. Relación platónica abierta

Esto sucede cuando se llega a un acuerdo con la pareja, generalmente para permitir el coqueteo y más contacto físico con otras personas, pero no el contacto sexual.

13. Cambio de género

Esta práctica no se trata de cambio de parejas, sino de quienes desean explorar otros géneros a los que nunca han estado expuestos, y su socio se lo permite.

14. Sologamia

Tendencia a casarse con uno mismo. Algunas personas creen que su felicidad no depende de otras personas, ya que se frustran o se sienten engañados por otros, y ellos mismos se consideran personas completas.

15. Relación codependiente

En donde una de los integrantes se considera salvador del otro. Se da en mayor medida con personas que dedican su vida al cuidado de una pareja que es adicta a una sustancia tóxica, y que a su vez se entrega para ser salvado, sin poner nada de su parte para cambiar, ya que eso destruiría este tipo de vínculo.

16. Relación de dominancia

Incluye la modalidad dominante/sumiso, donde uno de los socios se pone al servicio del poder del otro. No depende del sexo, sino de la personalidad de sus integrantes. Este tipo de relación puede funcionar de esa manera en la intimidad, pero de manera diferente fuera del hogar. Se esconde detrás de esta tipología, personas con trastornos psicológicos, que lo llevan a tener cualquiera de esos roles, sin pensar en el equilibrio y el respeto por la individualidad del otro.

17. Amigos con derechos

Relación basada en los principios de la amistad: lealtad, compañerismo, conocimientos de los secretos del otro, el compartir momentos sociales o divertidos; pero tienen vidas separadas, raramente comparten el mismo techo. Los "derechos" se refieren a saciar sus deseos sexuales, pero sin entregarse al amor.

18. Relación tóxica

Basada en la atracción, y muy probablemente con los condimentos de lealtad y compromiso. Pero también, en sus fundamentos se encuentran personalidades perversas, con baja autoestima, celotipia o distintos trastornos psicológicos, que hacen que uno o los dos conduzcan a la pareja a situaciones problemáticas.

19.Relación fetichista

No se trata de intercambio de sentimientos entre personas, sino de una de ella con un objeto que despierta su placer amoroso. Puede ser un muñeco (a) destinado a ese fin, u otro que complace de alguna manera a la persona. También se da en parejas, donde uno de sus integrantes se encuentra atraído por un solo aspecto de su compañero, por ejemplo, el pelo o los pies.

20. Relación "I touch and I leave"

"Toco y me retiro" Personas que no desean formalizar, pero sí "pasarla bien". Ideal para aquellos que vienen de sufrir una desventura amorosa.

21. Sólo sexo

Parejas que se unen por la química sexual, pero no generan entre ellos sentimientos profundos; por lo que el amor se encuentra a la espera de un tercero (el apropiado).

22.Relación compatible

Reflejada por las costumbres como la unión "ideal". En ella existe el compromiso, el superar los problemas en conjunto, la cooperación, la repartición de roles y de trabajo de manera equitativa, la lealtad, la fidelidad y el mirar el presente y futuro de manera conjunta.

La estabilidad de esta pareja se basa en la monogamia, en el respeto mutuo, y en el compromiso de hacer sacrificios individuales si son necesarios para evitar los conflictos. Claro, los que deciden por este tipo de relación, no tienen el 100% del futuro garantizado.

¿Funcionan las relaciones abiertas?

Según investigaciones en la materia, "cualquier tipo de relación abierta" es más íntima y cercana que el de las parejas monógamas. Esto se debe a que este tipo de relación requiere mucha madurez emocional y honestidad entre los socios, por lo que los límites son claros. Si se sigue esto, es totalmente posible tener una relación sana e íntima que también sea abierta.

Toda esta tipología de enlazar personas deja preguntas sin respuesta: ¿Estas relaciones son nuevas o una trampa para tener sexo con otras personas?

El debate sobre si la monogamia es cultural o natural en los humanos es un tema que parece interminable. La eterna incompletitud del humano, en sus creencias, en sus conocimientos y en sus pensamientos, ha hecho que no logre hacer pie y se conforme con un solo modelo social; permitiendo que muchas parejas inventen diferentes tipos de relaciones para alcanzar el goce: ¿Logran realmente enamorarse? ¿O simplemente encuentran una buena razón para tener sexo?

Por supuesto, como todo en la vida, la respuesta no es siempre blanco o negro, porque hay matices. Para estar en la categoría "Relaciones amorosas", se debe tener como enlace el componente "Amor". Todo el mundo tiene una comprensión diferente de lo que realmente significa el amor. Si elevamos el significado del amor al significado del budismo, entonces son "los deseos y esperanzas para la felicidad de todas las personas".

El amor romántico, por otro lado, a menudo se esconde bajo la apariencia del afecto: "Solo me gusta mi pareja, y eso debería hacerme feliz". Este tipo de amor puede causar sufrimiento porque es un amor posesivo que se impone a la otra persona para hacernos felices. Entonces, las nuevas formas de amor parecen pensar en un cierto aspecto de la libertad, pero por otro lado intuitivamente buscan solo el placer físico, el placer sexual. ¿Realmente sentimos amor por otra persona? ¿Realmente queremos que sea feliz? ¿O simplemente queremos sexo sin ataduras?

Estos interrogantes los iremos resolviendo con el continuar de los siguientes capítulos.

Capítulo 2
Poliamor

Según estadísticas confiables, uno de cada cinco estadounidenses ha estado en una relación no monógama en el pasado, y aproximadamente uno de cada 20 admite estar en una relación no monógama en la actualidad. Las investigaciones muestran que las parejas en tales relaciones son tan felices como las de los matrimonios monógamos.

Las relaciones polígamas requieren apertura, confianza, consentimiento de todos los participantes, así como buenas habilidades de comunicación, límites claros y respeto mutuo. El poliamor difiere de otras formas de relaciones abiertas, como el swing, que son principalmente relaciones sexuales que involucran a otras personas o parejas, pero sin vínculos emocionales.

Al poliamor no se lo reconoce como una forma de orientación sexual; o sea "la capacidad de cada persona de sentir atracción emocional, afectiva y sexual por otra persona", y que básicamente se divide entre bisexualidad, heterosexualidad y homosexualidad. Más bien, el poliamor es una manera de relacionarse que satisface las necesidades emocionales y sexuales; por lo que las relaciones poliamorosas pasan a ser una elección o estilo de vida individual.

Comprendiendo términos poligámicos

Relación sexual abierta: Comunicarse abiertamente solo desde un punto de vista sexual. Solo se puede tener un "amor" y sexo muchas veces.

Relaciones románticas abiertas: Puedes tener muchas relaciones románticas, pero no sexuales. El sexo solo se practica con la pareja formal.

Monogamia: Solo hay un amor verdadero. Es una relación especial por encima de todas las demás. Puedes amar a tu madre y a tus amigos; pero cuando estás realmente enamorado, lo sabrás, y resulta especialmente diferente a todos los demás tipos de amor.

En los seres humanos, la monogamia es un modelo de relación sexual basado en el ideal de exclusividad sexual. Si se rompe ese pacto se habla de "traición", y al que se ha mantenido al margen de la historia se lo llamada "cornudo". La infidelidad en el amor se describe como una violación del pacto normativo que limita el número de personas involucradas en relaciones románticas o eróticas, y por tanto prohíbe el mantenimiento paralelo de otras, en el tiempo o en relación consuetudinaria. Por lo tanto, en el caso de la monogamia tradicional, la inclusión de un tercero es un incumplimiento de contrato.

Matrimonio colectivo y poligamia: Este es un tipo de matrimonio donde una persona puede casarse con más de una persona al mismo tiempo. No todos los países lo reconocen, pero algunas religiones sí.

La poligamia se divide en: A) **poliginia:** En botánica una flor poligínica es aquella que tiene varios pistilos; mientras que en zoología hace referencia al hábito de algunas especies en la cual el macho posee varias parejas sexuales. Por su parte, en antropología se habla de poliginia, a la práctica de un hombre de contraer matrimonio con más de una mujer. En el otro extremo también encontramos: B) la **"poliandria",** que hace referencia a una mujer para muchos hombres. A su vez, el matrimonio grupal es la condición en la que muchos hombres se casan con más de una mujer.

Swinger: "Puedes acostarte con quien quieras, pero no te enamores". La no- monogamia mezclada con erotismo sexual y emancipación, están al alcance de las parejas que desean "probar" experiencias con otras parejas de iguales principios. Esta práctica también puede convertirse en sexo grupal.

Poli-fidelidad: Generalmente consiste en un trío cerrado, en que sus miembros no pueden tener relaciones fuera del grupo. Esta es una variación de la monogamia de 1, 2 o X personas. Idealmente, todos deberían estar involucrados románticamente entre sí y acordar no formar relaciones románticas externas.

Poligamia jerárquica: En este modelo, el amor está clasificado, con una o más parejas de primer, segundo y posiblemente tercer grado. A veces se clasifican según su relevancia emocional; o por razones prácticas como la paternidad compartida, las finanzas, la convivencia, etc.

Igualdad polígama: Este modelo trata de dar la misma atención y cuidado a todos los involucrados. No se coloca a una persona por encima de otra. En general, las personas que practican este patrón siguen prefiriendo el amor romántico a otros tipos de apego.

Anarquía en las relaciones: Valoración y preocupación por las amistades, familiares, relaciones sexuales o románticas. Consideran que categorizar los apegos carece de sentido. Quienes practican la anarquía en las relaciones creen que se pone demasiado énfasis en la relación romántica como modelo de amor. De esta forma, sin desvalorizar este tipo de relaciones, rompen las barreras del apego, permitiéndose valorar todas sus relaciones amorosas. Desde un pariente hasta un compañero de cuarto; todos son tratados por igual. Crean contratos basados en las necesidades de cada relación.

Las personas anarquistas relacionales sostienen que ningún tipo de relación debería prevalecer sobre otra ni que debería ajustarse a ningún tipo de conceptos preexistentes. Prefieren no seguir los roles estereotipados según la relación (pareja- amistad- familia) sino los valores y deseos nacidos de sus acuerdos. No creen que una relación romántica tenga que estar por encima de otras.

Poli- autonomía: Aman a muchas personas, pero su prioridad sigue siendo él mismo. Buscan una relación de forma consensuada, no monógama, pero con mucha independencia y no quieren subir en el escalafón relacional con uno de sus seres queridos. Les gustan las relaciones, se sienten cómodos con citas, amantes, amigos; sin embargo, no consideran a nadie como su relación principal. Pueden optar por dedicar la mayor parte de su tiempo y energía a la educación, la crianza de los hijos, actividades espirituales, viajes o carreras.

Mono-poli: Solo uno de los integrantes mantiene relaciones sexuales y afectivas fuera de la pareja, mientras el otro, no.

Compersión: Es un estado empático de felicidad surgido cuando se ve al otro feliz. A menudo se usa para describir los sentimientos positivos que disfruta una persona mientras su pareja disfruta de otra relación. Puede verse como lo opuesto a los celos, ya que es una respuesta emocional positiva a la otra relación de la pareja.

Diada: Un grupo social formado por dos personas. Los matrimonios, las relaciones monógamas o las amistades íntimas suelen ser grupos de este tipo.

Tríada: Una relación poliamorosa que involucra a tres personas en la que todos los miembros están involucrados entre sí tanto romántica como sexualmente.

Cuadra: Una relación que involucra a cuatro personas. Cada uno puede o no tener relaciones sexuales y emocionales con otros miembros.

Escalera de relaciones: Se refiere al cumplimiento de pasos en el proceso emocional asociado con la expectativa o aceptación social. Son las expectativas sociales basadas en una pareja predominantemente monógama, las que definen un conjunto útil de hechos para "evaluar" el progreso de dicha relación. Estas normas sociales pueden, por ejemplo, sostener que una relación avanza positivamente debido a que ya conviven; o que no es seria, simplemente porque los amantes no han sido presentados a sus respectivas familias. De esta forma, podemos decir que estar de novios-casarse- tener hijos, es un ejemplo de escalera de relación.

Familia intencional: Este es un grupo de personas que han decidido trascender los lazos de sangre y unirse como una pequeña comunidad cerrada, en oposición a la familia nuclear del matrimonio o de nacimiento.

Limerencia: Un estado mental arbitrario resultante de la atracción romántica de una persona hacia otra, junto con una necesidad obsesiva y compulsiva de que le respondan de la misma manera.

Metamour: un metamour es la persona, en una red abierta, con la que no se compartirá una relación sexual o sentimental directa. Puede que una persona esté en pareja, y ésta última tenga una relación abierta con un tercero; que, a su vez, no tenga ningún vínculo con el primero, transformándose en un metamour.

Matrimonios en grupo: Una relación entre tres o más personas, o parejas, que se consideran un matrimonio entre sí. Pueden vivir juntos, colaborar en las finanzas, criar hijos juntos y compartir las responsabilidades sociales normalmente asociadas con el matrimonio. Esto está relacionado con la multifidelidad

Mono-amor: Elije estar en una relación a la vez, pero sin mantener la lógica de la monogamia, o no esperando ser considerado monógamo.

Monogamia en serie: Un patrón de relación en el que una persona tiene solo una pareja sexual o romántica a la vez, pero tiene múltiples parejas sexuales o románticas a lo largo de su vida y puede cambiar de pareja con frecuencia. Actualmente, existe la creencia en la sociedad de que una persona puede amar a varias personas en su vida, pero no puede amar a más de una persona a la vez.

Mono-norma: La norma social de la monogamia es la única forma legítima de conexión sexual y emocional que debe ser sostenida y proliferada. Cualquier cosa fuera de esta estructura es atacada y acusada de perversión.

Mono/poli: Figura retórica que se refiere a una relación entre alguien que se identifica como poliamoroso y alguien que se identifica como monoamoroso.

NRE o Energía de Nueva Relación: New Relationship Energy (NRE) es un sentimiento intenso de emoción y obsesión que generalmente ocurre al comienzo de una nueva relación romántica.

Fuera de la vista, fuera de la mente: En esta estructura, las personas mantienen una relación abierta pero no quieren conocer los detalles de la relación abierta de su pareja. Hay un protocolo abierto, pero no comparten su experiencia. La condición es que la pareja principal no sepa nada de esta relación y no conozca a ninguna de aquellas personas.

ORE: Old Relationship Energy: Se refiera a la sensación de seguridad y estabilidad asociada a una relación permanente, estable y duradera. Se opone a la NRE.

Pareja principal: En una estructura relacional que incluye una jerarquía, se acuerda que una de las relaciones es superior a las otras. Es decir, según esta lógica, hay una pareja que está por encima de las demás, ya sea por el tiempo que pasan juntos, porque comparten casa o porque pactan seguridad.

Socio secundario: En una estructura jerárquica, estas relaciones reciben menos energía, tiempo y prioridad que las relaciones primarias. Una relación secundaria puede ser el resultado del consenso de una pareja primaria, que ha deseado generar este nuevo socio para incorporarlo esporádicamente a la propia relación.

Confianza: Se refiere a la lealtad de las personas involucradas en una misma red emocional.

Poli-norma: Las normas que algunos poliamorosos o practicantes del amor libre o de las relaciones abiertas intentan imponer a los demás, discriminando o descalificando a las personas en relaciones monógamas como viejas, menos desarrolladas o reprimidas.

Mantiene la misma lógica que la mononorma, pero desde una perspectiva relacional abierta.

Poli-soltería: No persigue la exclusividad sexual y emocional. Es una relación poliamorosa sin lo que la sociedad considera como "pareja estable"

Privilegios de socios: En la lógica de las relaciones abiertas, las personas creen que los vínculos afectivos socialmente sancionados (como el matrimonio o la convivencia) son privilegiados y más importantes o válidos que otros porque cumplen con algunos parámetros tradicionales. Este privilegio de sociedad a menudo se ve como una ventaja social, legal y económica que se otorga automáticamente (implícita o directamente) a las parejas que son públicamente monógamas, especialmente a la pareja principal.

Red emocional o polículo: Todas las personas están conectadas de alguna manera, no necesariamente por amor o sexo. Parejas, las parejas de su pareja, crianza compartida, etc. Se utiliza para referirse a una estructura de relación de múltiples posibilidades. A veces también se puede usar para incluir amigos cercanos, pero no necesariamente con relaciones románticas o sexuales.

Unicornio: Se refiere a una mujer que quiere salir con los dos miembros de una pareja conformada, y se excluye de relacionarse con otros individuos, o de mantener sexo con solo uno de los integrantes de esa pareja. Se le denomina unicornio, porque las personas dispuestas a aceptar tal arreglo son tan raras como dichos animales mitológicos.

V: Es una relación poliamorosa de tres personas en la que una de ellas tiene una relación romántica o sexual con dos parejas que no tienen una relación romántica o sexual entre sí. En ambos pares, la persona involucrada es el punto focal de V.

Veto: Un acuerdo de pareja en el que la otra parte tiene poder de veto para determinar el final de su sociedad o, en algunos casos, poder de veto sobre una determinada acción o situación. Esto ocurre a menudo en relaciones primarias o jerárquicas.

¿De qué se trata la polícula?

Desde sus inicios, la comunidad poliamorosa ha acuñado varios términos para hablar de los fenómenos típicos de estas relaciones: metamor, compersión, nueva energía relacional, polisaturación, triaje, quads, o polícula. El origen de este concepto es "polycule", palabra formada por "poliamor" y "molécula". Se utiliza para referirse a cualquier persona involucrada en una relación no monógama.

Este término pertenece a la corriente del amor libre que define el entramado de conexiones que se da en las relaciones poliamorosas. Define la relación entre parejas amorosas y/o sexuales y cómo interactúan y se comunican, incluso cuando no tienen contacto amoroso y/o sexual. Es decir: determina cómo se relacionan A y B, y cómo se relacionan A y C y D; cómo se relaciona B con E y F; y viceversa, y como C, D, E y F están relacionados entre sí.

Este es un concepto muy difícil de comprender, ya que no existe en una sociedad monógama, debido a que no hay más parejas interrelacionadas que definir que las formadas entre dos individuos monógamos. Así que el concepto es nuevo y extraño para cualquiera que no lo haya visto funcionar.

Una relación de polícula es una forma consensuada de no-monogamia en la que las parejas buscan múltiples relaciones románticas o sexuales. El poliamor, a menudo abreviado como "poli", está orientado a las relaciones y es consensuado. Los participantes están familiarizados con el protocolo. No se trata solamente de sexo, ya que hay otras necesidades afectivas que cubrir.

Estas redes de relaciones se denominan "polículas" o "constelaciones" y pueden ser complejas e interconectadas. En una "polícula jerárquica" hay una relación central llamada "principal". La persona de afuera a menudo se llama pareja "secundaria" o "terciaria". Las opiniones difieren sobre cómo funciona el estatus en las estructuras jerárquicas. Por ejemplo, una pareja "secundaria" es igual de importante, pero puede ser una parte menor de la vida diaria de una persona. Los socios no son iguales entre sí en cuestiones de poder, y en la toma de decisiones.

Por otro lado, hay polículas que poseen arreglos no jerárquicos; o sea, que rechazan los sistemas jerárquicos. En este tipo de entorno de relación, los socios no se clasifican utilizando términos como primario o secundario. También significa que nadie tiene prioridad o privilegio o "poder de veto" sobre otros socios.

Jerarquía no significa sumisión

En estas relaciones no tradicionales, hay muchos debates sobre la jerarquía, y estos a menudo conducen a opiniones fuertes.

Aunque los estilos estratificados pueden considerarse superiores, no hay evidencia de que un estilo polivalente sea superior a otro en términos de satisfacción en la relación o seguridad de apego. Diría que el estilo es aceptable siempre que los involucrados acepten el diseño y se sientan cómodos con él. Hay que aceptarlo, en las parejas monógamas también hay lucha de poder entre sus miembros; ya que, por naturaleza, nadie quiere ser esclavo; pero sí una tendencia a delegar en el otro ciertos roles o acciones, por considerarlo más apto para ciertos aspectos.

Los estilos jerárquicos pueden explicar las expectativas de roles en la política. Sin embargo, creo que es importante señalar que las "luchas jerárquicas serias por el poder" van en contra del espíritu del poliamor.

Defender sin competir es una habilidad vital en las relaciones poliamorosas, ya sean jerárquicas o no jerárquicas.

Estudios recientes muestran que la no-monogamia consensuada se está volviendo más común entre los estadounidenses más jóvenes. Según una encuesta de YouGov de 2020, 43 % de los millennials "probablemente digan que su relación ideal no es monógama".

Poliamor o adulterio

Las relaciones poliamorosas se debaten activamente en los grandes medios de comunicación, y cada vez más personas descubren este formato y lo encuentran más atractivo que las relaciones con una sola pareja romántica.

Entendamos en qué se diferencia el poliamor del adulterio y quién puede ser poliamoroso.

Una relación poliamorosa es una relación no monógama que involucra a más de dos personas. El poliamor se diferencia de la infidelidad en que ambos miembros de la pareja son conscientes de que están lejos de ser los únicos objetos de amor en la relación, y que la comunicación con los demás miembros de la pareja se realiza con el consentimiento de todos los participantes en la relación. Es decir, cada miembro de la relación sabe que hay alguien más en la pareja además de él, y este hecho no causa problemas, rechazo o el deseo de anteponer al compañero a la elección "o él (a) o yo".

Los momentos de conciencia y aceptación son la parte más importante de una relación poliamorosa, por lo que la frase "En realidad soy poliamoroso, pero mi pareja no lo sabe" es más una señal de huida de la monogamia para embarcarse en aventuras.

El poliamor está muy estigmatizado en países y sociedades con tradiciones monógamas, donde una persona debe tener una pareja para una relación romántica a largo plazo y luego ser padre. Esto se debe en parte a que el poliamor se confunde con la poligamia y la poliandría, que puede implicar la formación de una unión matrimonial o la producción de múltiples hijos. Es una forma de relación basada en el amor romántico mutuo, donde una persona puede experimentar a varias personas al mismo tiempo. La presencia de sentimientos románticos distingue al poliamor de la poligamia. En el poliamor, una persona puede tener múltiples encuentros sexuales con varias personas sin sentir un apego romántico profundo o formar una relación a largo plazo.

Hasta ahora, los psicólogos especialistas en relaciones románticas no pueden estar de acuerdo en que una persona pueda sentir afecto por una sola pareja. Así lo confirman entrevistas en profundidad con personas polígamas, así como casos en los que personas en relaciones monógamas permanentes entablan secretamente otras relaciones con la otra persona de su pareja o cónyuge "oficial". De hecho, el amor poliamoroso se diferencia del adulterio, con los escándalos y la división de los bienes comunes, los cónyuges inmediatamente deciden discutir la persona (o varias) que se unirán a su relación, así como la división de deberes, responsabilidades, obligaciones, y el tiempo que se le dedicará a cada socio.

Cómo se forman las relaciones poliamorosas

El poliamor es un término bastante amplio con muchas variaciones en la formación de relaciones. El principio básico sigue siendo el conocimiento y el consentimiento mutuo, pero hay muchos cambios en la relación. Algunos matrimonios poliamorosos permiten que todos los miembros de la relación vivan bajo el mismo techo, mientras que otros, por el contrario, se resisten a encontrarse con "parejas alternativas" de amantes. Se pueden distinguir dos grandes categorías de poliamor:

1. Relación libre

También conocido como "matrimonio abierto", donde los cónyuges en una relación a largo plazo pueden iniciar relaciones paralelas basadas en un consentimiento mutuo, las veces que lo deseen, tanto encuentros a corto plazo como relaciones a largo plazo. Las personas en un "matrimonio abierto" no deben conocer a las parejas de sus cónyuges, ni tampoco ser amistosos o cooperar de ninguna manera con aquellos.

2. Monogamish

El término " monogamish" fue mencionado por primera vez por el periodista estadounidense Dan Savage. Las personas que componen este grupo son aquellas que se encuentran en relaciones poliamorosas donde existe comunicación entre todos los involucrados en la relación. Forman un grupo y generalmente no entablan relaciones románticas o sexuales a largo plazo con personas fuera de ese grupo. Aunque dos tercios de las parejas están enamorados de la misma persona, esto no impide que desarrollen una relación amistosa.

En los matrimonios poliamorosos, donde se asume la participación igualitaria, los miembros de la relación planifican su tiempo de tal manera que le dan a cada persona aproximadamente la misma atención. Pueden tomar decisiones conjuntas sobre el entretenimiento o la organización de sus vidas.

Pero las uniones poliamorosas no son una vacuna contra la traición. Incluso si la relación es abierta, los socios pueden caer en lazos románticos fuera de ella, y entonces deciden negar u ocultar la conexión sentimental con el nuevo socio, esto se considerará engaño.

Lo que dice la psicología

El poliamor (del griego "muchos" y del latín "amor") es una relación romántica entre varias personas al mismo tiempo con consentimiento mutuo. Según el campo de la psicoterapia clínica, los jóvenes suelen optar por relaciones poliamorosas. La edad media es de 18 a 35 años. La mayoría de las veces, la iniciativa viene de los hombres, pues son más hipersexuales que las mujeres debido a su naturaleza. Pero también sucede con mujeres de mediana edad. Existen muchas razones para surjan las relaciones poliamorosas, pero todas ellas son puramente individuales y se derivan de la personalidad, el carácter, el temperamento sexual y la filosofía de vida de cada persona, también en cuanto a la manera en que ella construye sus relaciones.

La etapa de la vida en que atraviesa una persona también es importante. Las relaciones poliamorosas son más propias de adultos o de parejas jóvenes, en donde, según ciertas corrientes psicoanalíticas, existe un cierto grado de infantilismo e inmadurez. Estas personas tienden a tener miedo de las relaciones más cercanas y serias, como las llaman. Es una forma de escapismo. Por lo tanto, buscan para sí mismos y sin compromisos, la realización de sus deseos y fantasías sexuales. Según este estándar, el poliamor tiende a desaparecer con el tiempo en la mayoría de los casos. Por lo general, este período dura hasta cierta etapa de formación: la crisis de edad (20, 25, 30, 35), cuando se revisan los valores.

¿En qué se diferencia el poliamor de la poligamia y el swinging?

Como mencionamos, el poliamor a menudo se confunde con la poligamia, pero son conceptos diferentes. La poligamia implica el matrimonio con más de una persona del sexo opuesto, más a menudo cuando un hombre tiene más de una esposa. El poliamor, aunque incluye parejas casadas, describe una gama más amplia de relaciones, incluidas las relaciones heterosexuales y LGBTQ.

La poligamia significa principalmente una unión matrimonial definitiva. Los cónyuges pueden tener múltiples parejas del sexo opuesto.

En términos generales, el poliamor es la tendencia de un hombre o una mujer a entablar varias relaciones nuevas, que a menudo no coinciden con parejas permanentes. Los hombres y las mujeres pueden abandonar rápidamente una relación y pasar a otra sin tener que lidiar con diferentes parejas.

A diferencia de la poligamia, el poliamor no está relacionada con la familia, la relación marital o la religión. El poliamor es una cosmovisión que involucra relaciones libres entre parejas que creen que sus emociones, sexualidad, afecto y amor son suficientes para satisfacer las necesidades de múltiples personas. Al mismo tiempo, la característica principal del poliamor es el consentimiento de todos los miembros de la pareja que eligen esta relación. Esto es cuando la pareja se deshace de los celos, la posesividad, el egoísmo y en cambio disfruta de la pareja cuando tiene una relación paralela con otra persona. No se habla de ningún tipo de relación marital, sino de una forma libre de relación basada en la atracción sexual y el amor.

Por su parte, Swing significa satisfacción sexual temporal. Swing no implica el apego emocional y el desarrollo de relaciones inherentes al poliamor. En esta última, se destaca el mantenimiento estable de varias asociaciones al mismo tiempo. Estos incluyen componentes sexuales, romance, amistades platónicas y honestas.

¿Por qué la gente elige el poliamor?

A menudo, las parejas eligen conscientemente el poliamor porque lo ven como una oportunidad para profundizar su vínculo. Mucha gente cree que el poliamor es hacer trampa. Pero este es un error común. Hacer trampa es engaño y traición, por ejemplo, cuando usted y su pareja acuerdan no tener sexo con otras personas, pero uno de ustedes rompe esa promesa. La diferencia entre el adulterio y el poliamor es que en este último caso la pareja consiente las relaciones con otras personas.

Algunos defensores del poliamor argumentan que el valor de las relaciones clásicas de dos personas está desactualizado y reconsideran los estereotipos sobre el sexo y el romance. No existe una prueba estándar para las tendencias poliamorosas. Las relaciones existen para ser felices. Entonces, la respuesta a la pregunta "¿Es el poliamor adecuado para usted?". Es importante decidir qué tan cómodo se siente con más personas en su vida y compartiendo su pareja con los demás.

Capítulo 3
La infidelidad

Caer en adulterio, significa caer en circunstancias negativas. Este es un proceso muy complejo, que incluye no solo nuevas relaciones con otros pares fuera de la pareja, sino también sus consecuencias y la reacción de los cónyuges que sienten que han sido engañados. Hacer trampa, sea lo que sea, hiere emociones profundas y conduce a la depresión e ira emocional. Hacer trampa es lo que destruye a las familias. Los niños sufren dolor, la desconfianza se apodera de los protagonistas, y es posible que sea el punto de partida para protagonizar venganzas por despecho.

Ya lo hemos dicho, tanto en las relaciones monógamas como en las poliamorosas anidan las traiciones; pero un análisis de las causas de ellas, nos trae algo de claridad del por qué muchos miran a la poligamia con buenos ojos.

Los hombres y las mujeres se pueden comportar de manera engañosa por igual. Para saber si hay diferencias en la infidelidad de hombres y mujeres, echemos un vistazo más de cerca a ambas posibilidades.

¿Por qué los hombres engañan a sus esposas?

A menudo se puede escuchar cómo los hombres justifican su adulterio: la poligamia. Pero olvidan que no están viviendo en una cultura en donde está permitido, que no tiene deseos de contraer responsabilidades con tantas mujeres, y que mucho menos, razones para "embarazar a tantas hembras como sea posible". Por lo tanto, la poligamia a priori no puede ser una excusa para el adulterio masculino. ¿Cuál es la razón? Según las estadísticas, estas son las respuestas más populares:

• Interesado en otra mujer, siguiendo el principio "cuanto más bella y más extraña, mejor". No obstante, lo de "bella" es relativo, ya que el hombre se potencia ante la presencia de una nueva y potencial amante, y curiosamente, mientras menos "atractiva", o en términos de Sigmund Freud "más degradada" sea, el hombre aplica su mayor poder sexual; ya que solo la quiere para eso, y "no merece ser juzgada". El llamado "Efecto Coolidge" habla precisamente del resurgir del apetito sexual masculino por una mujer diferente a la estable.

• Quiero nuevas sensaciones.

• El estereotipo masculino es débil. Otros tienen amantes y lo disfrutan, así que yo no soy peor que ellos.

• Mejora la confianza en uno mismo. Puede ser una cita única o recurrente.

• Excusa frecuente: "Estaba borracho".

- Monotonía cotidiana.

- Falta de respeto por parte del cónyuge.

- Discrepancia entre temperamento sexual.

- "He encontrado a la mujer de mis sueños" Esta afirmación se da cuando el matrimonio original fue el resultado de un embarazo no deseado y no tuvo otra opción.

- El deseo de sentirse masculino (una forma de autoafirmación).

- "Así es como se lidia con los problemas maritales".

- "Soy el director de una gran empresa, y aprovecho mi estatus".

- "Mi pareja no puede valerse por sí misma y se ha convertido en una "rata gris".

Los hombres rara vez se atreven a solicitar el divorcio después de una infidelidad. Con el tiempo comienzan a darse cuenta que la amante ya no es tan atractiva (se ha perdido la etapa de la sorpresa, de lo nuevo) y en muchos casos, la amante comienza a exigir cosas; y más temprano que tarde, también advierte que la nueva relación está lejos de ser ideal.

Después de que el "efecto alterador" desaparece, el deseo se esfuma. Básicamente, el divorcio en este caso es iniciado por la mujer que reveló la infidelidad. Ambos lados están involucrados en una relación, por lo que sería incorrecto culpar el 100% solo a una parte. Los hombres aman con los ojos y la apariencia de una mujer es importante para ellos. Por lo tanto, la tarea de una mujer es muy grande: es importante no olvidar la imagen externa e interna. Si un ser querido se rinde a la monotonía y cree que por exhibir un anillo consagrado lo tiene todo asegurado, en realidad, lo que aumenta es la probabilidad de traición. "La mujer no es solo un género, ser mujer es una profesión",... también "ser hombre". Con ello, no se indica que la pérdida de belleza sea justa causa del adulterio masculino, pero el descuido personal, muchas veces está acompañado por un abandono general de la persona; y eso no es aliciente para el otro.

Razones que hacen que las mujeres engañen

Las mujeres experimentan una gama mucho más amplia de emociones que los hombres, por lo que la traición suele ser el resultado de un estallido emocional. A continuación, se presentan las razones por las que las mujeres engañan.

• La familia no la comprende.

• Venganza, ira contra un cónyuge o un intento de compensar la traición.

• Cierta curiosidad: "¿Y otro hombre?".

• Insatisfecha. Uno de los factores puede ser los diferentes temperamentos de los cónyuges.

• Relación esporádica con un ex esposo o novio.

• La necesidad de sentirse amada. Esto suele ocurrir cuando la relación con el cónyuge ha llegado a un callejón sin salida y la mujer se siente no deseada.

• Matrimonio precoz o forzado. Las niñas a menudo buscan el matrimonio temprano para salir del cuidado de los padres, y con el tiempo buscar un amor más consciente.

• El marido a menudo está ausente. Debido al trabajo irregular o a los frecuentes viajes de negocios, las mujeres a menudo tienen que quedarse solas durante largos períodos de tiempo, y eso da tiempo para pensar y fantasear.

• Intereses sexuales que no comparte con su pareja estable y ella quiere probarlos.

No importa cuál de los dos engaña primero, si sucede, ambos socios son responsables. El amor entre un hombre y una mujer, o de personas del mismo género, es un esfuerzo increíble a largo plazo que implica un trabajo diario sobre uno mismo y su relación. Si siente que la relación comienza a torcerse, los problemas sin resolver se multiplican y la vida familiar no brinda alegría, debe visitar a un terapeuta familiar.

Síndrome de Fortuna: encontrar la fantasía en un hombre casado

El "Síndrome de Fortunata" es un tipo de dependencia emocional que desarrollan muchas mujeres hacia hombres casados. Aquí encontramos otra de las posibles razones por las que alguna mujer acepte ingresar al club de los poliamorosos (aunque no de manera legítima).

Los comentarios externos sobre las mujeres que se ven involucradas en esta situación de apego y dependencia emocional, por lo general son sexistas, lineales y sin piedad, sin tener en cuenta los factores que conducen al fenómeno.

¿Es posible incluir este síndrome al universo del "poliamor"? Sí, en cuanto las partes intervinientes estén de acuerdo, y solo se vea el apego exacerbado como motivador del tercero que se incorpora; en otro sentido, solo sería un caso de adulterio más.

En el pasillo del trabajo, en la fila del supermercado, en un programa de televisión, cuando ocurren este tipo de incidentes entre una mujer y un hombre casado, la mayoría de las personas se convierten en formadores de opinión: "Ella es una put*, ella lo busca, ella tendrá lo que se merece" y un sinfín de pensamientos se esparcen de boca en boca. Por eso, comenzamos a patologizar y etiquetar los diagnósticos como una forma de simplificar la situación.

¿Qué es el síndrome de Fortunata? El síndrome toma su nombre de la novela "Fortunata y Jacinta" de Benito Pérez Galdós, que narra la historia de tres aventuras:

Juanito Santa Cruz y dos mujeres (Jacinta, su mujer y Fortunata, su amante). En este contexto, se refiere a la relación de una mujer con un hombre casado. La trama de la novela examina la complejidad de las conexiones y explica la relación entre la adicción y la obsesión. En general, cuando se habla del síndrome de Fortunata, se mencionan los siguientes signos:

• Aborda los estados de ánimo, los sentimientos y los intereses de aquellos en relaciones matrimoniales o comprometidas que se ven involucrados con un tercero.

• En el corazón del síndrome está el interés de una mujer por un hombre casado. Esta persona actúa y siente que puede dejárselo todo al otro.

• Hay creencias y fantasías de que una persona está destinada al infiel. La gente cree que hay algo importante entre ellos y por eso están juntos.

• También tienden a proyectarse hacia el futuro, creyendo que en algún momento podrán ser "libres" juntos sin ningún problema.

• Hay una idealización de los vínculos.
• Se justifica la situación usando varias excusas.

• Pérdida significativa de interés en todas las demás relaciones y actividades no relacionadas con el amante.

• Sentimientos contradictorios hacia la pareja estable del amante: a veces ira y resentimiento por creer que ella "detiene la posibilidad de que estén juntos"; pero a su vez siente culpa por lo que hace y lástima por su esposa.

• La infidelidad es vivida de manera compleja por los participantes, al punto de mezclar empatía con odio.

• El síndrome no se considera una enfermedad o trastorno mental, sino que se manifiesta como un comportamiento inadecuado que afecta la salud de la persona involucrada a lo largo del tiempo; causándole ansiedad, baja autoestima e inseguridad.

Síndrome de Fortunata y su relación con el género

Hasta ahora, el síndrome de Fortunata se ha descrito de forma clásica. Ahora bien, teniendo en cuenta lo anterior, no podemos dejar de incorporar una perspectiva de género que sea pertinente a la situación, teniendo en cuenta los cambios sociales e históricos y las nuevas estructuras familiares.

Es cuestionable con qué frecuencia el foco está en la relación con el hombre casado en lugar de lamentarse de que se trata de una relación disfuncional, dependiente y coercitiva. Lo reprochable en la sociedad, es la infidelidad masculina. Se presta poca atención a la calidad de estas relaciones insanas; y se olvida preguntar del por qué algunas personas pueden desarrollar patrones de comunicación disfuncionales o autodestructivos, que pasan a un segundo plano.

Estándares dobles

En cuanto al síndrome de Fortunata en sí, es importante saber que la regla no se aplica a todos por igual. Hay dobles estándares en la valoración social.

Por ejemplo, si el infiel es un hombre, entonces la adúltera será ella, a quien se acusará "asesina de familias" y de "falta de empatía por las mujeres".

En la mayoría de los casos, nadie siente curiosidad por el rol secundario del interlocutor, quien también está envuelto en dicha relación tóxica. Por ejemplo, manteniendo una historia que promete que las cosas cambiarán en algún momento, y pide tiempo para aclarar la situación con su esposa, o la excusa más clásica "no me separo por los niños" "mi mujer está enferma y me necesita" o "estamos a punto de separarnos, necesito tiempo". En segundo lugar, bajo términos como: histeria o depresión, se justifica el acto femenino, dejando a un lado las razones afectivas del nuevo vínculo formado. Se trata de encontrar al culpable, porque es más fácil concentrarse en explicaciones lineales que pensar en la responsabilidad emocional en una relación.

Pero la gente toma sus propias decisiones. Un hombre casado no está obligado a ser infiel, aunque muchas veces la forma en que se satiriza y presenta lo hace parecer así.

El sexo como medio de control

Foucault ha dicho en sus obras: Las normas y valoraciones relacionadas con el sexo son parte del mecanismo de control y regulación humana. A su alrededor hay comportamientos normativos y esperados que definen y clasifican quién tiene razón y quién está equivocado. Pero un enfoque más rico, e incluso una ética de trabajo, para pensar en estas relaciones requiere que las abordemos por varias razones. ¿Por qué algunas personas continúan conectándose con personas con las que no pueden conectarse? ¿Por qué alguien arriesgaría el secreto y el anonimato?

Si podemos profundizar en la situación, también proporcionaremos mejores recursos para entenderla, aceptarlas o rechazarlas con propiedad; y así poder opinar u ayudar a quién la esté atravesando.

Las emociones a veces parecen dominar la racionalidad en varias áreas de la vida.
Puede haber varias razones por las que una chica se sienta atraída por un hombre casado. Aquí hay algunos factores que pueden afectar:

• **Baja autoestima**: Las mujeres se sienten emocionalmente desmotivadas. Entonces ella ve en esta persona "algo" que llena ese vacío.

• **Idealización:** Él tiene una personalidad encantadora, probablemente es mucho mayor y alcanzó una posición académica o social admirable. Ella lo ve como su propio camino al éxito.

- **Compasión:** Puede que él le diga cosas como "Me siento incomprendido", "Mi matrimonio es un fracaso" o "Si tan solo te hubiera conocido antes..." Este tipo de frases pueden tocar el corazón de una mujer y ella decida ser su tabla de salvación.

- **Falta de proyecto**: La niña no tiene un plan claro en la vida y adopta el del otro.

- **Soledad**: Muchas personas solo quieren compañía. Ocurre, a veces, que la mujer tiene una posición económica estable, sus hijos ya son mayores, pero por viudez o separación se encuentra sola, y ve en un hombre casado a ese compañero que ya no tiene.

- **Competencia:** Hay mujeres que ven en una relación con un hombre casado, una situación prohibida que dispara su adrenalina, y la vuelve adicta a ella (Complejo de Electra). Él ve la relación como un juego en el que ella tiene que luchar por el trofeo.

Consecuencias de ser la tercera en discordia

Puede haber muchos factores para que una mujer desee estar con hombre casado, pero en general las consecuencias son negativas:

- Siempre estarás en segundo plano.
- Puedes ser una sombra en su vida social o cero a la izquierda en días especiales.
- Entre conocerlo, enamorarse, escuchar sus promesas e intentar olvidarlo, se pierde un tiempo precioso.

- Pocos seres queridos apoyarán tu decisión.
- Como resultado, estarás triste, sofocada por la ira, completamente sola y profundamente aislada.
- Si se descubre la verdad, es posible que pierdas la confianza de familiares y amigos importantes.
- Además, tu reputación puede verse dañada de forma permanente.
- Si él se queda contigo, es posible que los demás no te tengan en buena consideración. Siempre serás la que "dañó un matrimonio".
- Y... si sospechas que te engaña, acaso ¿ya no engañó a su ex pareja contigo?

Olvidándose de ser la tercera

Enamorarse de un hombre casado es complicado. Desde la perspectiva de una relación, terminar con ella no es nada fácil.

Lo has hecho, estás enamorada de un hombre casado, no puedes volver atrás. Pero al menos no querrás perderte en este círculo vicioso. Estás llena de amor no correspondido, ira, culpa, vacío, soledad y aislamiento. ¿Cómo resolverlo? Analiza con calma cómo te sientes, hacia dónde vas y quién te ves dentro de unos años. ¿Es esto lo que quieres? Deja de comunicarte con él y evita situaciones en las que podrías saber de él.

Desahógate, llora, maldice. Pero, en lugar de condenarte a hacer esto para siempre, ten un poco de paciencia ahora. Siempre hay amigos dispuestos a dar consejos. Dos cabezas piensan mejor que una. Si es posible, busca ayuda profesional. Revisa tus metas personales y enfócate en nuevos proyectos de vida. Amplía tu círculo de amigos, asiste a más lugares sociales y date cuenta de que hay más peces en el agua. El amor está destinado a hacernos más felices, y decir "Me gustan los hombres casados" no te acercará a la felicidad. Recuerda, si sigues adelante, será una relación de tres, así que piénsalo dos veces antes de hacerlo.

¿Cómo se sienten las personas polígamas acerca de hacer trampa?

Según la cosmovisión de las parejas que inician relaciones poliamorosas, el concepto de infidelidad no suele existir. En tales relaciones, la igualdad, la completa libertad de elección de pareja, el respeto por los límites personales, y la confianza pasan a primer plano. En lugar de los celos surge el sentimiento opuesto, la alegría de que alguien más ame a tu pareja.

Los celos son reemplazados por el sentimiento opuesto, la alegría de otros compañeros amorosos. Además, las personas poliamorosas que aceptan entablar relaciones paralelas con otras personas pueden o no avisar a sus parejas de los nuevos contactos. Es un contrato interno entre ellos y puede haber muchas variaciones.

Capítulo 4
A favor y en contra
del poliamor

¿Cuáles son los riesgos de las relaciones poliamorosas?

Los conflictos familiares, la incompatibilidad interpersonal y otros problemas comunes a la pareja promedio pueden manifestarse en las relaciones poliamorosas. Además, tarde o temprano una relación poliamorosa, por lo general, engendra celos hacia uno de los socios.

El egoísmo, los celos y la posesividad, que suelen surgir en la monogamia, pueden aparecer también en el poliamor, ya que la naturaleza humana se impone a la cultura, y a pesar de los acuerdos, suele ocurrir que surgen recelos, y se debe elegir entre dos socios, y, como resultado, estas relaciones se rompen.

A favor y en contra del poliamor

Cualquier relación monógama puede verse dañada por los celos y las discusiones sobre la crianza de los hijos. En la poligamia, estos aspectos se complican por el número de participantes. El poliamor, por lo general, se puede mantener en secreto, y alejado de la opinión de amigos cercanos y familiares; ya que, al menos, una de cada cuatro personas poliamorosas experimenta discriminación, según la organización sin fines de lucro Loving More.

Expertos del Departamento de Psicología de la Universidad de York se han fijado en dos parámetros que caracterizan las relaciones de pareja: la satisfacción sexual en la relación y el compromiso en pareja. Los investigadores analizaron cuestionarios de 2183 parejas en relaciones monógamas y los compararon con datos de cuestionarios completados por personas que eligieron relaciones polígamas. Los resultados mostraron que las personas en relaciones polígamas no solo experimentaron una satisfacción sexual más completa, sino también una sensación más profunda de intimidad que aquellas en relaciones monógamas.

- **Los argumentos a favor son los siguientes:**

Las relaciones poliamorosas, en las que todos los participantes se conocen, aceptan voluntariamente este hecho y tratan de satisfacer los intereses y sentimientos de los socios, parecen ser las opciones más humanas, donde no hay lugar para la traición ni oportunidad para lastimar a los socios.

Entre los aspectos positivos, se puede destacar el potencial para una comprensión y elaboración más profundas de las relaciones como tales, una actitud cuidadosa hacia los socios, más tiempo dedicado a establecer y mantener una conexión de calidad.

Es imposible estar en una relación poliamorosa a largo plazo y no esforzarse por comprender mejor a todos los participantes, en sus motivaciones, en sus formas de sentir.

El más interesante de los argumentos de apoyo es la experiencia de interactuar sentimental y sexualmente con varias parejas a la vez, sin la carga de la culpa y el miedo al descubrimiento, sin tener que aclarar la relación y sin causar dolor a quienes se ama. Si se puede crear una interacción equilibrada en un matrimonio poliamoroso donde todos se sientan cómodos, los beneficios de este intercambio superan con creces los recursos gastados.

Al parecer, se opta por el poliamor porque la forma habitual y tradicional de organizar las relaciones ya no es satisfactoria. El aumento de la esperanza de vida, la capacidad de tener varias relaciones en lugar de solo una, guiada por los intereses y necesidades de uno: todo esto lleva al hecho de que una persona trate de descubrir cómo organizar sus relaciones íntimas de una manera diferente y que no sea con un compromiso.

El poliamor puede ser un intento de cambiar las estrictas normas morales de la sociedad, que establecen que solo una relación entre dos personas puede considerarse como una categoría de matrimonio o amor.

Presupuesto familiar

El deseo de igualdad es común a la mayoría de las relaciones poliamorosas. La mayoría de las veces, si viven juntos, los socios pagarán conjuntamente los gastos comunes. Las responsabilidades y roles de hombres y mujeres no están divididos. El problema surge cuando varios socios dependen económicamente de un socio, o cuando los salarios son muy diferentes y las necesidades de todos son muy distintas. Este problema se resuelve de la misma manera que en una relación monógama: hablando y encontrando compromisos. La terapeuta sexual Alina Tolmacheva aclara que las diferentes opiniones sobre el presupuesto pueden causar conflicto: en forma conjunta, parcial o individual. Tales situaciones también pueden resolverse discutiendo cómo los miembros policelulares dividen las responsabilidades. He aquí por qué las relaciones poliamorosas no son para todos.

- **Argumentos en contra**

Al mismo tiempo, el modelo teórico del poliamor (todos aceptan a todos, están de acuerdo y todos se gustan) a menudo se encuentra con la dura realidad en la práctica. Algunas personas están acostumbradas a querer exclusividad en una relación, especialmente cuando enamorarse de otra persona es algo maravilloso y adictivo. Como resultado, cualquier extraño que busque atención a uno de los socios es visto como una amenaza, causando ira, celos y sufrimiento. Por lo tanto, puede ser difícil encontrar el equilibrio en una relación cuando la nueva persona se ve como un potencial "rompedor", y no, como una persona importante y respetada para la pareja.

Otra dificultad es la decisión de reformatear la relación. Sucede cuando uno de los dos decide hacer el experimento, pero el otro se ve obligado a participar, porque entiende que, si se niega, será abandonado o engañado. En este contexto, es casi imposible hablar de una libre elección de la forma de esta relación.

El poliamor solo puede ser la unión de varias personas de forma voluntaria, pero si uno de los participantes tiene que aceptar tal destino, ya no es poliamoroso, sino abusivo. En las relaciones poliamorosas, no siempre se da un intercambio sexual total. Así, por ejemplo, en relación con una mujer y dos hombres, estos últimos puede que no deseen tener ninguna relación física entre sí. En general, para eso está el poliamor, que es una forma de interacción voluntaria, por lo que nadie está obligado a hacer algo que no está preparado o dispuesto a hacer. De allí, que muchos no aceptan (por más que estén interesados) en incurrir en fantasías poliamorosas. Por ejemplo, si una mujer le dice a su marido que quiere experimentar con un "trio" o sea, ella con otra mujer y con él, puede que al marido le guste la idea, pero sospecha que con el tiempo su cónyuge le pedirá que ahora quiere experimentar con otro hombre y con él; y a esto a él no le gusta y por eso rechaza la primera propuesta.

Y también se debe comprender que a medida que aumenta el número de socios, la atención y el compromiso necesarios para satisfacer sus necesidades en la relación también aumentarán inevitablemente. Por lo tanto, uno debe estar listo para aprender el arte de organizar la interacción en la que nadie se niega; de lo contrario, inevitablemente surgirá un conflicto con resentimiento, celos e ira hacia uno de los socios, lo que no fortalecerá el vínculo. También se da el caso de que muchas personas, por miedo a perder a su pareja, acceden a relaciones que realmente no les convienen.

Actitudes que dificultan las relaciones poliamorosas

1.   El poliamor es la legalización del adulterio.
Muchas personas que incursionan en el poliamor, creen que ya se le está permitido coquetear, tener relaciones sexuales y mantener una relación con cualquier persona, independientemente de lo que piense su pareja. Relaciones abiertas, infidelidad, poligamia... todo en uno.

2.   "Vamos a experimentar con las relaciones poliamorosas"
No hay nada malo con la frase en sí, el problema radica en lo que hay detrás de este "nosotros". Las parejas a menudo indican en terapia que deseaban probar este tipo de relación, pero luego en una conversación individual con el terapeuta resultó que solo uno de los miembros estaba interesado en el cambio, mientras que el otro estaba de acuerdo porque no tenía otra salida.

3.   "Habrá más amor y sentimientos positivos"
Esto es lo que suele pensar la gente cuando oye hablar del poliamor. Por supuesto, la palabra misma sugiere que en esta relación podemos obtener más amor, diferentes tipos de amor de diferentes socios. Pero desafortunadamente, muchos de nosotros olvidamos

que otras personalidades o historias negativas pueden entrar en nuestras vidas junto con otras personas.

El poliamor requiere mucha fuerza física y energía, y no es tan fácil como parece. Se requieren muchos protocolos, incluida una amplia atención psicológica. Y tarde o temprano la gente desarrolla un sentido de propiedad y quiere más privacidad. Cuando nace un niño en el seno de una relación poliamorosa, surgen muchos otros problemas. Por eso la psicoterapia es tan importante para las personas poliamorosas.

Poliamor: ¿promiscuidad o paso al futuro?

¿Qué es este fenómeno? ¿No es eso obsceno? No, es un sistema integral de asociación. Es, por ejemplo, una mujer que honesta y abiertamente admite que ama a dos hombres. Ambos están de acuerdo con tal alianza. Además, cada amante puede tener su propia relación. Lo primero que necesita una relación poliamorosa es apertura y honestidad; si no, no vale la pena inventarse una nueva palabra bonita cuando la antigua está bien.

El poliamor significa reconocer plenamente la independencia de la pareja, negar cualquier "propiedad" del alma y el cuerpo de la pareja y respetar sus límites personales. Todos sabemos que la renuncia consciente y voluntaria es la mejor vacuna contra los celos, el miedo, el amor loco y la adicción emocional. Tan agradable como suena el término, los seguidores de la familia nuclear tradicional están horrorizados por el poliamor.

Debido a la naturaleza inusual e incomprensible del sistema de relaciones poliamorosas, uno podría sospechar que las relaciones poliamorosas involucran sexo en grupo o swingers. Es un vínculo entre una persona y múltiples parejas que no solo se basa en la hora de acostarse, sino que también tiene un componente romántico. Es una relación amorosa y romántica con dos componentes necesarios: el placer sexual y el cuidado mutuo. Tiene su propia ética y reglas que protegen el sistema de relaciones establecido de la promiscuidad.

En nuestro espacio doméstico, este estilo de relación es condenado, equiparado a excesos, casi considerado una perversión. Nuestras normas culturales solo reconocen los valores de las familias nucleares o familias patriarcales. Al mismo tiempo, incluso las suposiciones teóricas sobre otras formas de unión matrimonial asustan a la sociedad, volviéndola ciega ante el hecho de que el sistema familiar tradicional se está derrumbando. Según las últimas estadísticas, hay más de 50 divorcios por cada 100 matrimonios.

La tradición siempre ha elevado la relación monógama a lo largo de los siglos al estatus de culto, dándole el único estatus normativo posible. Ingenuamente creemos que en un mundo que cambia rápidamente, donde los avances tecnológicos afectan todos los aspectos de nuestras vidas, desde la comunicación hasta la existencia biológica, solo la balsa familiar tradicional puede sobrevivir al tormentoso mar del cambio. Vivimos nuestras vidas y olvidamos que el hoy y el mañana también serán historia. Nuestra renuencia a aceptar nuevas formas de relaciones humanas surge del miedo al cambio futuro y a la transgresión de los tabúes culturales tradicionales.

La sociedad nos impone normas de que todas las personas deben luchar por el matrimonio monógamo. El sueño de un único compañero de vida que pueda satisfacer todas nuestras necesidades y hacernos felices está arraigado en nuestra conciencia desde la cuna y se difunde a través del cine, la literatura y los ancianos en la familia, la escuela y la iglesia. Al mismo tiempo, muchos científicos modernos afirman que la poligamia es más natural para los humanos que la monogamia.

Al mismo tiempo, cada vez más personas intentan encontrar otro tipo de relaciones románticas y sexuales por motivos personales que no están relacionados con las expectativas sociales. Una de estas formas es el poliamor.

¿Es el poliamor un sustituto del amor?

Existe un estigma en la sociedad de que las relaciones poliamorosas no se consideran normales. Se argumentó que tal relación podría durar solo por un corto tiempo. También se considera establecida una relación poliamorosa si la relación primaria carece de sexo o es incómoda por algún motivo. Además, a medida que aumenta el número de socios, disminuye la fuerza del amor mutuo. En general, la opinión pública cree que las relaciones profundas y duraderas solo son posibles en el amor monógamo.

Marta Kauppi, terapeuta y sexóloga de Madison, USA, afirma que, en los Estados Unidos, realizaron un estudio en el que entrevistaron a 340 adultos poliamorosos de entre 18 y 71 años, la mayoría (88%) de los cuales eran tanto hombres como mujeres. Todos los participantes informaron un total de 758 relaciones (2-3 por encuestado). Como resultado de la investigación, Marta Kauppi llegó a las siguientes conclusiones, que contradicen la opinión generalmente aceptada:

• Muchas relaciones poliamorosas superan la prueba del tiempo.

• La práctica del poliamor no es el resultado de una falta de intimidad en la relación primaria.

• Las relaciones poliamorosas no destruyen la intimidad de la relación primaria.

• Un acuerdo de poliamor no tiene tanto que ver con el sexo, sino con el deseo de una mayor intimidad afectiva. Muchas personas poliamorosas dicen: "Se trata más de la conversación que del sexo".

• El poliamor hace más felices a las personas.

Según una investigación realizada por la psicóloga Rhonda Balzarini de la Universidad de York en Toronto, las relaciones poliamorosas pueden ayudar a las personas a satisfacer mejor sus necesidades eróticas (sexo, placer y excitación) y de crianza (comodidad y seguridad). Las personas en relaciones monógamas suelen satisfacer primero el componente erótico de la relación, y después de un tiempo, si la pareja no se rompe, se reemplaza por el amor y el cuidado, mientras que el componente sexual disminuye. Como resultado, las relaciones monógamas a menudo no pueden satisfacer todas las necesidades al mismo tiempo. Según Balzarini, los socios secundarios ayudan a "descargar" a uno de los socios que ya no tiene un conjunto completo de expectativas. Además, la pareja principal puede estar ausente o no tener ganas de intimidad, en cuyo caso otras parejas pueden compensar la falta de atención. Como resultado, las personas polígamas tienden a estar más satisfechas con sus relaciones que las personas monógamas.

Poliamor y celos

Al igual que con las relaciones monógamas, las trampas de las relaciones polígamas son, por supuesto, los celos. Los problemas de celos aparecen con mayor frecuencia en los foros de polígamos y, a menudo, recurren a los psicólogos con este problema. Al mismo tiempo, las personas poliamorosas son consideradas más libres y menos posesivas. Como aconsejan los propios poliamorosos, es "importante cambiar el enfoque de los sentimientos de abandono e inutilidad hacia tu pareja y alegrarte de que alguien más le esté dando amor y cuidados, y así serás más feliz".

Los polígamos, como todos los demás, saben que no se puede apagar una relación con solo presionar un botón. Por lo tanto, los celos tampoco les son ajenos. Como es parte de la naturaleza humana, la manifestación de celos no se puede erradicar por completo, pero es mejor ser honesto con la otra parte y ponerse de acuerdo sobre quién le hace caso a quién. Los celos son una emoción destructiva en cualquier relación, pero las personas poliamorosas están más protegidas si son más abiertas y transparentes. Los celos nos ayudan a vernos desde el otro lado y son una prueba de las relaciones: destruyen a los débiles y fortalecen a los fuertes.

¿Qué son los polifakes?

Los polifalsos son personas que violan todas las normas y leyes éticas y responsables que existen y existirán en el poliamor.

No es extraño que algunas personas utilicen este modelo relacional como arma para mostrar lo "deconstruidos y maduros" que son. Predican cosas que no concuerdan con su realidad, como preocuparse por las relaciones. Básicamente usan el poliamor para follar más, y saciar sus fantasías eróticas... pero nada más.

Algunos polifakes se pueden oler desde lejos. Otros son un poco más difíciles de detectar y sí, se cuelan en cuerpos ajenos. Pero tarde o temprano todo sale a la luz. Algunos aparecen con las frases "Creo que ya estoy enamorado de ti" y abiertamente de manera polígama expresa: "Quiero ser poliamoroso contigo". Los poliamorosos no son tan rápidos, primero analizan a su futuro socio para no estropear de antemano la relación.

Están también en esta categoría los que hablan de cariño y moralidad y luego dejan cadáveres emocionales en el camino por puro narcisismo. Otros hablan de poliamor y se enorgullecen de tener muchas relaciones, pero no saben cómo tratar con aquellas personas de esas relaciones. Sí, suelen enseñar a desarrollar una gran inteligencia emocional (de la que carecen).

No podemos olvidar a los que se jactan de poder coordinar más de 5 relaciones a la vez, o a los que están tan poseídos de NRE (New Relationship Energy o coloquialmente "enamorarse") que no se detienen en iniciar una relación tras otra, solo porque les "pinta las ganas".

Es normal tener opiniones diferentes en el grupo, claro que hay alguna traición e interferencia de intereses. Pero lo peor de todo es que no estamos hablando de mediocridad e indiferencia. Nos ocupamos de los sentimientos y emociones de los demás y de nosotros mismos. El poliamor pierde todo sentido cuando la responsabilidad se reduce a su mínimo exponente. Porque no hay poligamia sin responsabilidad, y no hay responsabilidad sin amor.

Capítulo 5
Construcción de una relación poliamorosa

Como hemos dicho, una relación poliamorosa es una relación romántica (amorosa y sexual) con varias personas al mismo tiempo, basada en el conocimiento y consentimiento de todas las partes involucradas. La transparencia y los acuerdos basados en el respeto y la confianza son las principales características de este tipo de relación.

Históricamente, la poligamia era la existencia de múltiples esposas (y en algunas culturas, esposos), pero en las interpretaciones modernas, el poliamor se refiere a relaciones sexuales con diferentes personas que pueden no estar emparentadas.

Resumiendo: Las relaciones poliamorosas toman muchas formas. Hay tríos (participan tres personas), cuartetos (participan cuatro personas) y así sucesivamente, hasta llevar a la polícula, donde el número de relaciones es indefinido, ya que se extiende según los deseos los integrantes. El poliamor puede ser jerárquico, donde hay una pareja principal y varias parejas secundarias, o no jerárquico, donde todas las parejas son iguales. En una relación poliamorosa en capas, la vida y las finanzas suelen ser compartidas por la pareja principal, mientras que las parejas secundarias (o adicionales) pueden vivir juntas o por separado. La mayoría de las veces, las relaciones poliamorosas se forman complementando una relación primaria existente, y luego las otras relaciones se llamarán relaciones secundarias. Con menos frecuencia, se establecen relaciones más amplias con más de una pareja a la vez.

Las relaciones poliamorosas pueden incluir parejas con diferentes orientaciones sexuales. Las relaciones poliamorosas pueden ser con o sin sexo; aunque el significado principal está en las relaciones íntimas.

Así funcionan las relaciones poliamorosas

Una relación poliamorosa comienza cuando tres o más personas acuerdan cómo debería ser la relación: si quieren conocer los detalles de la vida sexual de cada uno, cuántas veces a la semana pueden acostarse con otra persona, si tienen derecho a ingresar a un tercero a la casa, y así sucesivamente. Todo se discute con claridad para no violar los tres principios básicos de una relación polígama sana:

• Comienza con el consentimiento. Debe haber una elección de buena fe para ingresar al circuito de múltiples ángulos. Sin ella, no se puede hacer nada.

• El segundo es la sana comunicación entre todos los participantes. Si uno de los miembros de la pareja se siente incómodo, lo mejor es dejar que comparta sus sentimientos, especialmente los negativos.

• El tercero es la comodidad. Nadie debe "destruirse" a sí mismo por los deseos de los demás.

Los psicólogos están de acuerdo en que se pueden desarrollar relaciones poliamorosas saludables si se cumplen estas condiciones. Al mismo tiempo, no vale la pena iniciar una relación poliamorosa para "recargar" la vida sexual; ni creerse que por que cambian las reglas del juego amoroso, todo será una panacea o solución a los problemas previos.

Es importante tener en cuenta que no todos necesitan hacer la transición a una relación poliamorosa. Hasta ahora, la mayoría de las sociedades han sido monógamas, y este tipo de relación no es para todos. Muchos psicólogos creen que la presencia de amistades, negocios y lazos familiares pueden llenar las necesidades que faltan en una pareja fuera de la sociedad. Según el estudio, los rasgos de personalidad de las personas polígamas se destacan por la apertura a cosas nuevas, pero tienen un nivel de conciencia más bajo que las personas monógamas.

Las personas con mucha conciencia tienden a ser organizadas, cuidadosas y concienzudas, mientras que las personas con poca conciencia tienden a estar menos interesadas en la exclusividad de las relaciones.

Para iniciar una relación poliamorosa se debe tener una mente abierta y cultivar la curiosidad. También se sugiere ver a un terapeuta que se especialice en personas poliamorosas. Asimismo, se recomienda percibir la transición a una relación abierta como un experimento emocionante; y por, sobre todo, no olvidarse que puede parar y "volver" en cualquier momento.

Cómo se convence a una pareja para iniciarse en el poliamor

La terapeuta Alina Tolmacheva dice que la cuestión de cómo convencer a un monógamo decidido a aceptar una relación poliamorosa cae en el ámbito de "cómo un conejo se convirtió en un erizo", así de difícil.

Puedes hablar con tu pareja y sugerir un experimento, pero no puedes torcer la opinión de la otra persona en contra de sus deseos, de lo contrario es abuso. Al mismo tiempo, hay casos en que uno de los socios no inicia relaciones adicionales, mientras que el segundo es poliamoroso, y esto les conviene a ambos.

El Metamur es un socio de socios. El poliamoroso tiene la feliz fantasía de que todos los amigos de los amigos serán amigos entre sí y será un himno de amor y alegría sin fin. Incluso hay memes en la comunidad polígama: "Cuando eres monógamo: ¡mi pareja vendrá y se trepará sobre él! Cuando eres poliamoroso: ¡mi novio, mi otro novio, los chicos de sus chicos y los chicos de ellos se amontonarán sobre todos ellos!; es una ilusión de la que no se debe esperar tanta solidaridad entre los participantes de relaciones poliamorosas.

Desde el 2020, en Somerville, MA (EE.UU.) la ley reconoce las relaciones poliamorosas como parejas de hecho, cambiando la definición de la relación de "constituida por dos personas" a "personas constituidas", otorgando a los miembros de relaciones poliamorosas los mismos beneficios legales que en el matrimonio.

Un mito importante sobre el poliamor es que legitima el adulterio. Según las estadísticas entre el 30-70 por ciento de las personas en relaciones monógamas a largo plazo hacen trampa, de manera formar o esporádica. El poliamor puede verse como un intento de hacer que la relación sea justa. Cuando estás en una relación poliamorosa y comienzas una relación con alguien cercano a ti, no es trampa, es lo que negociaste dentro de las reglas. Se podría decir que la poligamia es ética, en cuanto, a que la relación con un tercero se "discute", y no se "oculta" como en la monogamia.

En esta línea, existe en el variopinto de personas, aquellas que no quieren limitarse a una sola relación, ya sea, por darle prioridad a su libertad de elección o por una situación específica. En general, luchan por una vida cómoda y plena en la que se sienten y hacen lo que quieren. El poliamor es una relación madura con varias personas, y nadie le miente a nadie.

El poliamor no se basa únicamente en las relaciones sexuales, por lo que no debe confundirse con las reglas que siguen los swingers. Los swingers se juntan para satisfacer sus deseos sexuales, mientras que los poliamorosos quieren tener relaciones profundas con más de una pareja en su vida. Suelen formar un determinado grupo al que son emocional y sexualmente leales. Las personas en relaciones poliamorosas no tienen por qué vivir bajo el mismo techo ni tener relaciones sexuales. Se ha argumentado que la poligamia está motivada por el deseo de escapar del sistema establecido de monogamia. El poliamor cree que de esta manera se les niega la libertad de tomar decisiones y se limita su libertad. Aunque pueda parecerlo, el amor poliamoroso no es precisamente nuevo. Las relaciones entre diferentes personas se han escuchado hace décadas o incluso cientos de años.

Síntomas de poliamor

El poliamor puede tomar muchas formas. En una relación poliamorosa, la principal preocupación de los socios no es el número de personas en la relación, sino la calidad de la relación. Todos en un grupo poliamoroso tienen una pareja principal, con el que se suele convivir, tener hijos y se hacen planes a futuro. Sin embargo, la intimidad emocional con una pareja no excluye la posibilidad de conectarse con otros.

El poliamor se basa principalmente en el apego emocional, por lo que puede o no tener relaciones sexuales con otras parejas. No se considera engañar a su pareja principal si tiene relaciones sexuales con otras parejas. Los defensores de la poligamia argumentan que la monogamia es un fenómeno profundamente antinatural que es rechazado casi por completo en el mundo animal. Según esta teoría, las personas eligen ser monógamas debido a las normas sociales impuestas.

Como se mencionó anteriormente, los encuentros sexuales en grupos polígamos están permitidos y aceptados por todos los miembros del grupo. Entonces, ¿cuándo se puede hablar de hacer trampa en una relación poliamorosa? La base de una relación poliamorosa es cuidar los vínculos afectivos. Todos los socios son abiertos y honestos entre sí y se preocupan unos por otros. Se puede hablar de infidelidad en una relación cuando hay intimidad con un tercero y se mantiene en secreto. La falta de honestidad y lealtad hacia los que permanecían en el grupo se consideraba traición.

Reglas en una relación poliamorosa

¿Hay alguna regla a seguir en una relación poliamorosa? Resulta que los diferentes grupos poliamorosos tienen sus propias reglas que establecen primero. Sin embargo, se pueden encontrar algunos factores comunes.

En todo grupo poliamoroso hay algunas personas que conscientemente acceden a formar este tipo de grupos. Cada miembro es consciente de la importancia de la comunicación, la honestidad y la lealtad en las relaciones con los socios. El adulterio en una relación poliamorosa se considera inaceptable. Todos los miembros de un grupo poliamoroso se respetan mutuamente y brindan el apoyo emocional adecuado. Los miembros del grupo pueden tener una pareja principal con la que viven bajo el mismo techo.

Las personas en relaciones poliamorosas valoran tener sexo con todos en el grupo. Es una especie de vida sexual, pero no es para eso que se hicieron las relaciones poliamorosas.

Valores fundamentales del poliamor:

1.   Los socios que quedan en el grupo son iguales. No se destaca a nadie y cada socio recibe el mismo tiempo y atención.

2.   Ser leal a los socios que conforman el equipo.

3.   Confiar en cada miembro del equipo es la base de las relaciones poliamorosas.

4.   Relaciones emocionales cercanas: todos los miembros del grupo se esfuerzan por formar fuertes lazos emocionales con sus parejas.

5.   La equidad y el respeto son elementos característicos de diversos grupos.

6.   No hay relación duradera sin honestidad entre los socios.

7.   Sentimiento romántico: No todo es sexo, los afectos son importantes en cualquier circunstancia de la vida.

8.   Comprensión: Son numerosas las personas involucradas, como numerosas sus personalidades, sus gustos, sus miedos, y todo aquello que se debe comprender para que todos se acepten en armonía.

Estos valores son invaluables para quienes viven según los principios del poliamor. Mientras tanto el marido como la mujer quieran entrar en una relación poliamorosa, no hay objeción. Sin embargo, estas personas deben asegurarse de poder compartir con su compañero de vida en múltiples niveles. Si quieres vivir en un grupo poliamoroso, necesitas estar completamente seguro de tus sentimientos y creencias. Al forzar algo o complacer a nuestro cónyuge, nos volvemos infelices y patológicamente celosos de nuestro cónyuge. Tal comportamiento puede eventualmente conducir a la disolución de un matrimonio.

Poliamor y matrimonio

¿Se pueden permitir las relaciones poliamorosas después del matrimonio? Uno no excluye al otro.

Mantener una relación poliamorosa es más difícil que construir un matrimonio monógamo, sólido y duradero. Es difícil mantener relaciones sólidas con varias personas porque se pasa tiempo con cada miembro del grupo y eso se debe administrar correctamente. Todos los socios deben sentir lo mismo y debemos tratar a todos los miembros del equipo de la misma manera. A muchas parejas les resulta difícil cuidar de una sola pareja, y mucho menos de todo un grupo.

Diagnóstico del poliamor

Podemos hablar de amores múltiples si una persona siente la necesidad de estar en varias relaciones sentimentales al mismo tiempo o no quiere esconderse de su pareja estable. El deseo de formar relaciones grupales románticas se llama pluralismo. El poliamor no es una enfermedad, a veces se lo denomina un tipo específico de orientación sexual. El poliamor puede ser diagnosticado por un psicólogo o psicoterapeuta.

¿Cómo tratar el poliamor? Como se mencionó anteriormente, el poliamor no es una enfermedad, sino una forma de identidad sexual. Entonces, no se necesita un tratamiento especializado.

El poliamor no requiere tratamiento, pero se puede consultar primero a un psicólogo o psicoterapeuta. Es una buena idea hablar con un experto, especialmente si has decidido unirte a un grupo poliamoroso. Con algo de miedo y duda, se puede seguir adelante y consultar a un terapeuta que nos ayude a entender lo que realmente queremos de la vida. Un terapeuta te ayudará a ver toda la situación desde una perspectiva diferente, por lo que te será mucho más fácil tomar una decisión de vida tan importante. La ayuda de un psicoterapeuta debe ser utilizada por una persona poliamorosa que, a pesar de pertenecer a un grupo, comienza a sentir cierto malestar emocional y no comprende del todo por qué sucede esto. Durante las sesiones regulares, el terapeuta lo ayudará a mirarse a sí mismo,

Los poliamorosos en un consultorio psicológico también pueden buscar ayuda y apoyo. Desafortunadamente, pertenecer a grupos con una orientación sexual diferente a la que goza de la aprobación social general sigue siendo objeto de intolerancia y críticas. Las personas que son acosadas y estigmatizadas por sus principios pueden sentirse

solas, perdidas y necesitadas de apoyo. En tales
situaciones, un psicoterapeuta lo ayudará a elevarse
emocionalmente.

Capítulo 6
Adicción al sexo

Nuevamente, incursionaremos en algunas causas que llevan al poliamor, que muchas veces se muestran como "naturales" cuando en realidad son patológicas.

El conocerlas nos acerca a la verdad, y nos hace libre de tomar decisiones responsables.

Relaciones poliamorosas y abiertas, swinging y adicción al sexo

Como han destacado los psicólogos, de los diversos tipos de apertura sexual, las relaciones poliamorosas son las que más se relacionan con la madurez emocional, porque en este tipo de relaciones es importante hacerse cargo de los sentimientos de los demás y cuidar la estabilidad de la relación.

No todas las relaciones poliamorosas son sexualmente dominantes y, lo que es más importante, no todas las relaciones son sexuales. También hay asexuales en esta relación, personas que ni siquiera tienen sexo, a pesar de que sienten amor por su pareja.

Esto lo confirma una investigación realizada en los EE. UU., que muestra que la relación afectiva fuera de la intimidad sexual (p. ej., hablar, pasar tiempo juntos) es más importante para los que participan del poliamor. Así que el amor poliamoroso es más que un swinger que se basa en el sexo para tener una relación abierta.

También debemos distinguir entre el poliamor y los fanáticos del sexo que buscan más oportunidades para las relaciones íntimas y la conquista. Los adictos al sexo seducen y conquistan, y cuando han conseguido su objetivo, se marchan.

Adicción al sexo

La adicción al sexo o manía sexual es lo mismo que la adicción al alcohol o a las drogas, por lo que es muy destructiva. Una necesidad excesiva y morbosa de tener relaciones sexuales abruma por completo a una persona y con el tiempo se convierte en una fuente de dolor para sí misma y, a menudo, también para sus seres queridos. ¿Cuáles son las causas y los síntomas de la adicción al sexo? ¿Cómo se trata esta adicción?

Un adicto al sexo puede buscar ayuda de un psiquiatra, psicoterapeuta, especialista en adicciones o sexólogo.

El sexoholismo o erotomanía se refiere a la adicción al sexo. La adicción al sexo cae dentro de la categoría de adicciones conductuales, al igual que las adicciones al alcohol, las drogas o el juego. Los adictos al sexo son adictos a una determinada conducta sexual, que se manifiesta como una compulsión periódica o constante de encontrar excitación y euforia (por ejemplo, en los drogadictos, esta conducta es provocada por el uso de sustancias estupefacientes)

Algunos investigadores creen que las causas de la adicción al sexo deben buscarse en la infancia. La sexmanía suele provenir de familias disfuncionales (padres adictos a las drogas, al alcohol o al sexo, maltrato psicológico, etc.). Tal infancia a menudo conduce a sentimientos de soledad, miedo, baja autoestima, desconfianza hacia los demás y la incapacidad de formar relaciones profundas, todos los cuales son factores de riesgo muy importantes para el desarrollo del deseo sexual en la edad adulta. Además, los estudios muestran que la mayoría de los adictos al sexo fueron abusados sexualmente cuando eran niños.

Según la Asociación Estadounidense de Trastornos Sexuales, del 10 al 15 por ciento de los estadounidenses son adictos sexuales, o sea, alrededor de 25 millones de personas. Alrededor del 80% de los adictos al sexo son hombres. La intensificación patológica de la actividad sexual y el interés excesivo por el sexo pueden ser un problema para una persona que ya es adicta al alcohol y/o a las drogas.

Además, la ninfomanía puede coexistir con otros trastornos mentales como la ansiedad o la depresión. El comportamiento compulsivo también puede ser causado por cambios en el cerebro, como daño en la parte del cerebro responsable de la respuesta sexual y desequilibrios en los neurotransmisores cerebrales (serotonina y dopamina) responsables de la regulación del estado de ánimo.

La adicción al sexo también puede ser causada por trastornos neurológicos como la esclerosis múltiple, así como por fluctuaciones en los niveles de hormonas sexuales. También se observa un aumento de la libido con daño en el lóbulo frontal del cerebro y la amígdala (el llamado síndrome de Kluwer-Bucy).

El sexo es como una droga

La adicción al sexo es muy similar a la adicción a las drogas. Todo porque el sexo, como las drogas o el alcohol, afecta a la vida completa de la persona.

El sexo actúa conjuntamente con el Sistema de recompensas en el cerebro. Durante un orgasmo, después de beber alcohol, consumir drogas o ganar en el casino (en el caso de los juegos de azar), el nivel de endorfinas, hormonas del placer que mejoran el estado de ánimo y aumentan la satisfacción, crece rápidamente. Por otra parte, algunos adictos al sexo pueden experimentar euforia por la emoción de la caza y la captura (de su presa) en lugar del sexo real.

Un adicto al sexo es una persona que opta por tener un comportamiento sexual cada vez más atrevido hasta que eventualmente pierde el control del mismo y es incapaz de detenerlo, a pesar de las consecuencias negativas de dicho comportamiento.

En consecuencia, los adictos al sexo desean cada vez más tener relaciones sexuales, preferentemente con otra pareja, buscando constantemente oportunidades para seducir a alguien, aunque saben que las consecuencias de tal comportamiento pueden ser la ruptura de relaciones, familias y problemas con la justicia.

Por otra parte, también la adicción al sexo puede causar la pérdida del trabajo y el respeto que la sociedad tiene por él, simplemente porque es un "coqueteador serial"; sin dejar de contar las enfermedades de transmisión sexual que puede adquirir al tener sexo sin control y sin cuidados.

Por lo general, si no es en todos los casos, después del acto, el adicto al sexo intenta dejar a su pareja lo antes posible. A menudo se siente avergonzado y culpable; pero la abstinencia lo lleva a buscar más, al sentirse desesperado y solo.

Un adicto al sexo es consciente de su adicción, la sufre e incluso puede intentar dejarla, pero normalmente acaba como cualquier otra adicción. Un adicto sexualmente morboso experimentará todos los síntomas del "hambre": terribles dolores musculares, irritabilidad, ataques de pánico, dificultad para concentrarse, depresión e incluso pensamientos suicidas. Sólo la actividad sexual le puede proporcionar alivio.

Los adictos al sexo tienen una necesidad constante de nueva estimulación sexual. Sin embargo, cabe señalar que en el holismo sexual la sexualidad puede manifestarse no solo como relaciones transitorias, sino también, por ejemplo, como relaciones sexuales maritales.

Masturbación y cibersexo

Un adicto al sexo, también es aquel que está muy interesado en la pornografía, pasándose horas frente a la pantalla de su ordenador. Según las observaciones médicas, los adictos al sexo suelen tener más de una conducta sexual compulsiva, por ejemplo, pueden verse obligados a masturbarse, así como a ver pornografía y utilizar los servicios de prostitutas.

El sexo es una enfermedad.

En 2018, la Organización Mundial de la Salud (OMS) incluyó la adicción sexual en la Clasificación Internacional de Trastornos Mentales (CIE-11). La OMS también ha establecido algunas pautas para el diagnóstico de la enfermedad que son:

•	Acciones repetitivas sistemáticas que hacen de las actividades sexuales el sentido de la vida y conducen al descuido de la salud, la familia, las relaciones con los demás, el trabajo, las responsabilidades e intereses cotidianos;

•	Cuando los intentos repetidos de controlar o reducir significativamente la actividad sexual recurrente no han tenido éxito;

•	Comportamiento repetido e incapacidad para renunciar a él, a pesar de sus crecientes consecuencias negativas, por ejemplo, el paciente pierde su trabajo, se endeuda, rompe relaciones;

• Participar en actividades sexuales repetidas, incluso si la persona obtiene poca o ninguna satisfacción de ellas.

Sexmanía- tratamiento

Un adicto al sexo puede buscar ayuda de un psiquiatra, psicoterapeuta, especialista en adicciones o sexólogo. La solución para los adictos al sexo es la psicoterapia (preferiblemente terapia cognitiva conductual). Durante la terapia, los pacientes aprenden a: construir relaciones duraderas, fabricar relaciones más sanas con las personas y sobrellevar los problemas y el estrés. Vale la pena involucrar a la pareja del adicto en la terapia. Además, algunos pacientes requieren tratamiento farmacológico. En Estados Unidos, que definió la adicción al sexo en la década de 1970, utiliza la misma terapia que los adictos al alcohol, la desintoxicación de 12 pasos.

Desafortunadamente, se necesitan años para desarrollar resistencia a los estímulos que pueden desencadenar un antiguo comportamiento patológico y volver al comportamiento sexual normal. La primera relación sexual normal suele ser posible después de cinco años de tratamiento.

La recuperación completa no es posible. Siempre existe la posibilidad de una recaída, por lo que es importante evitar ciertas personas y situaciones que puedan desencadenarla.

####

www.ingramcontent.com/pod-product-compliance
Lightning Source LLC
Chambersburg PA
CBHW061354140726

47997CB00003B/1201